뭉게구름

松波 高錫元 第 17 詩集

엠-애드

열일곱 번째 시집을 내면서

작년 4월에
열여섯 번째
시집을 내고 나서…

올 해는
한 해쯤 띄었다가
내려고 했지만,

시집을 다
써놓고 보니
마음이 바뀌어서

이번에도 언제나처럼
시집 《뭉게구름》에
시 60편을 골라

나와 내 시를 사랑하는
독자님들께
두려운 마음으로 바칩니다.

2015 . 6 . 22
저자 松波 高錫元

Contents
차례

1부 그사람 하나 없으니

2부 산수유를 심어 놓고

3부 늦잠자는 개구리

4부 싼타루치아

5부 늙은 감나무

1부

그 사람 하나 없으니

코스모스 옆에서

차도 다니지 않는 들길에 혼자 와서
외로이 서있는 코스모스야!
너는 어떤 빛을 띠고 있어도
참 다 예쁘기만 하구나!

연분홍은 은은해서 내 마음 사로잡고,
꽃분홍은 정열적이어서 날 달뜨게 하고,
하얀 옷 그대로 입고 있어도
너는 순결하고 청순해서 더 예쁘구나!

내가 널 그다지도 좋아하는 연유를
너는 알지 모르지만,
너에게는 날 달아오르게 하는 거
하나 은근히 숨어있지!

언제나 나만 보면 하늘하늘
그 예쁘고 유연한 몸매로
날 살짝살짝 스치며
내 품에 안기고 싶어 하기 때문이란다.

고백 5

당신은 언제나 그러듯이
오늘도 잠시 오셔서
내게 다정히 웃어만 주고
그냥 가버리셨습니다.

그런 당신 모습이
오히려 내게는 더 귀엽고
예쁘게만 보여서
난 손이라도 한 번 잡아보고 싶은데…

애타는 내 맘도 모르고
당신은 볼 때마다
다정히 웃어만 주고
금세 쫓기 듯 그렇게 가버리시니

나는 당신 때문에 늘
마음이 허전하고 안타깝지만…
그래서 내가 당신을
더 좋아하는 지도 모릅니다.

쪽지 2

수진씨!
내가 그대를 보고
할 말이 있다고
말을 했을 때.

그대는 내 귓속에
살며시 손을 대고
소곤소곤
쪽지에 써달라고 하셨지요.

말로 듣는 것보다
두고두고
읽는 재미가
더 좋다면서…

그 말은 두고두고
날 생각하며 살겠다는
고백과도 같은 말이니
내게 이보다 더 행복한 말은 없습니다.

전화

당신은 오늘 생각지도 않은
전화를 받았다는 듯
내 전화를 받고
웃음덩어리가 되어 있었어요.

나는 오늘 전화를 해 놓고
얼마나 두려워서 애를 태웠는데…
당신의 웃음을 보고서야
마음이 푸욱 놓였답니다.

내 전화를 너무 오래
기다렸다고 말씀하시는 걸 보아
그 동안 나를 얼마나
기다리고 계셨는지 알 수 있으니,

나도 이제 더 이상
기다리고만 있을 수는 없어요.
세월이 더 흐르기 전에
어서 당신을 만나보고 싶어요.

가지 모 세 그루

대야장*에서 은행나무 묘목을
사가지고 서둘러 나오는데
가게 앞 토방에서
다리 운동을 하고 있는 여인이 눈에 띄었으니…

찰싹 달라붙은 레깅스 바지를 입은
끼가 있어 보이는 여인이
어찌나 아름다운지 그 가게에 들러
생각지도 안했던 가지 모 세 개를 사가지고 왔네!

그 집 가게에서 천원어치
가지 모 사는 것 말고는
딴 말은 한 마디도 못하고
싸주는 가지 모만 들고 그냥 돌아섰는데도,

그 후로 나는

왜 대야장에만 가면

자꾸만 자꾸만

그 가게가 눈에 들어오는 걸까?

* 대야장 : 호남에서 우(牛)시장으로 유명했던 옛날 이름 지경장. 근래 시에서 행정구역 면 이름을 따서 명칭을 바꿔 '대야장'이라 부른다.

은자씨

아줌마란 말 대신
그 이름을 불러
은자씨! 라고 했더니,

어마나!
기억력도 참 좋으셔라!
제 이름을 다 외우시고요.

내가 기억력이 좋은 게 아니고
은자씨가 너무 좋아서 그런거야!
그 동안 말은 안했어도.

나는 은자씨만 보면 마음이 편하고
이다지도 좋을 수가 없어.
은자씨도 그렇지?

그럼은요.
선생님만 보면 마음이 편해서
너무너무 좋아요.

새침데기

호젓이
단 둘이서만 있을 때는
눈길 한번 주지 않고
아예 모르쇠하다가도,

누군가와
함께 있을 때면
다가와서 다정히
말을 걸어오는 사람!

그래서 내
관심을
더더욱
끄는 사람!

오!
새침데기 그 사람!
그래서 결코
미워할 수 없는 사람!

대야장에 갔다가

오빠!
부르는 소리가
예사롭지가 않아
무심코 발길을 멈췄더니,

아니나 다를까
리어커 행상 아줌마가 와서
손을 내 귀에다 대고 소곤소곤
'오빠 젊어서 한가락 했겠어.'

한가락 했겠단 말이
너무나도 듣기에 좋아서
올 때 다시 들려
바지락 말린 것 한 되박을 사왔는데…

그 사람 얼굴도 예쁘지만
끼가 있는 것 같아서
더욱 좋았으니
내 마음 정녕 나도 몰라라!

살구

매실을 사러 입은 채로
군산 원협 과일나라에 갔더니
매실은 벌써 들어가고
보이지 않아 그냥 오려는데,

한 자루가 눈에 띠어 들어가 보니
꼭 처녀 같이 생긴 여주인이
어찌나 상냥하고 사글사글 부드러운지
한 눈에 딱 반했는데…

여주인은 거기다 한 술 더 떠서
일하다말고 털털하게 나간 날 보고
무얼 하는 분이냐고 물어서
그냥 어영부영 딴전을 벌였더니,

분명 예사 분은 아니라면서
살구 세 개를 주어 맛있게 먹었더니
날 보고 살구를 좋아한다며
이번에는 왕 살구 한 보따리를 싸주었네!

사진 7

내 시집을
곁에 두고 살면서
언제나
내가 보고플 때면,

내 사진을
수시로 펴보며
산다는 사람
내게는 하나 있네!

그렇지만
그 사람과 나
그것 말고는
딴 것은 아무것도 없으니.

그래서

그대와 나는

더욱

오래오래 행복하다네!

그 사람 하나 없으니

그 사람이 하도 그리워
옛날 여름휴가 때
그 사람과 같이 갔던
화엄사 계곡을 나 혼자서 찾았더니,

내 집 안방처럼 포근하고
정겹기만 하던 계곡은
남의 집에 온 것 마냥
썰렁하고 적막감만 감도는구나!

석유 버너 불 당겨놓고
된장찌개 두부 탕에다
삼박사일 오순도순 밥 해먹던
그 정든 자리도 어딘지 희미하기만 하고,

맥주 병 물에 담가놓고
주거니 받거니 술 마시던 자리도
그 사람 하나 없으니 다 낯설기만 할뿐
그리움만 굽이굽이 감돌아 흐르는구나!

나, 오늘에야 진정 알았습니다.

전번에 만났을 때도
비오는 날 한번
따로 만나자고
은밀히 말씀하시더니만,

오늘 봄비는 저렇게
보슬보슬 보슬비로
조용히 내리고 있는데…
당신은 오시지 않는군요.

그래서 나는 여직껏
당신 말은 통 믿지를 않았는데…
당신 말을 듣고
나, 오늘에야 진정 알았습니다.

나는 언제나 당신이
찾아오시기만을
기다리고 있었으니…
허황한 사람은 진짜 나 자신이란 걸…

2부

산수유를 심어놓고

입춘 2

용화산
아카시나무는
눈 속에서

아직도
겨울 꿈을
꾸고 있는데…

그 가지에
앉아있는
까치는

벌써
봄 꿈에
부풀어있구나!

산수유를 심어놓고

뒤란 모퉁이 언덕배기 빈터에
산수유 묘목 다섯 그루를
심어놓고 보니
이다지도 기쁠 수가 없구나!

당장은 아니더라도
한 십년쯤 지나면
우리 집에서도 소나무만 말고
산다화 철쭉꽃이 피기 전에

소나무 사이에서 산수유
매화꽃도 서로 어우러져 한바탕
꽃 바탕을 이룰 테니
벌써부터 가슴이 뿌듯하고 설레는구나!

그런데 하는 짓을 보면 안다면서
아내는 나를 보고 지금 내 나이에
나무묘목이나 사다가
여기저기 심고 다니니 장수하겠단다.

과잉보호

울 밖 정원에 심어놓은
산수유 노란 꽃이
봉올봉올
너무나도 싱그럽고 고와서

행여 누가 지나다가
캐 가면 어쩌나
걱정이 되어
조심조심 울안에 옮겨 심어 놓고

거름도 더 주고
지극정성 가꿔놓았지만
옛날 보던 그 아름다움은
다시는 볼 수 없게 되었으니…

잘 낫잔 애기 눈먼다고
과잉보호가
사람만 버려놓는가 했더니
나무까지도 다 버려놓았구나.

한강에 온 청둥오리

한강 잠수교 아래
청둥오리들 떼를 지어
자맥질을 하며
한가로이 놀고들 있는데…

금강 하구 둑에서나 왔나?
엄벙허게 생긴
청둥오리 한 마리
감히 잠수교 근처는 얼씬도 못해보고,

한강공원 앞에서 혼자
먼 하늘만 바라보며
한나절 내내
주변만 뱅뱅 맴돌고 있다.

저 불쌍한 청둥오리도
누군가를 찾아 한강까지 찾아와서
왔노란 말은 한 마디도 못해보고
저렇게 서성이고만 있나보다!

진수성찬

오늘은 2014년 중복 날
보신탕 대신에
친구와 함께 오랜만에
일식집으로 점심 식사를 하러 갔었는데,

써빙 아줌마가 들어오니
짓궂은 친구가 아줌마에게 명령하듯
친구 눈썹이 얼마나 매력이 있어
한 번 만져 봐.

그렇게요.
참 멋있네요.
아줌마는 사양도 하지 않고 다짜고짜
내 눈썹을 살 살 쓰다듬어주고 있다.

나도 엉겁결에 당한 일이었지만
집에 와서 곰곰이 생각해보니
그래! 오늘 점심이야말로
최고의 진수성찬이었어!. 진수성찬!

진짜 아름다운 말은

우리가 처음 만났을 때
당신은 웃음덩어리가 되었었지요.
그런데 당신은 나를 보고
참 멋지다는 말씀도 하셨지요?

당신한테서 그 말씀을 듣고난 후
나는 왜 그렇게 당신이
볼수록 사랑스럽고
좋기만 했던지 몰랐답니다.

당신은 정이 많은 사람 같아서
나도 당신과 더 가까워지고만 싶었는데
그 말만은 차마 나오질 않아
참 속상해 했었지요.

정말 그래요.
우리는 들어서 진짜 아름다운 말은
한 마디도 못해보고
애만 태우며 그렇게 살아가고 있답니다.

도봉산 산행 길에서

방학동 동생 집에 온 김에
만장봉 얼굴만이라도 보고 가려고
여독도 풀리기 전에 해질녘에야
혼자 서둘러 산행 길에 나섰더니…

갑작스레 낙엽 덤불 위에 떨어지는
겨울 빗방울 소리가 어찌나 요란한지
하산하는 사람들도 종종걸음들을 하는 판에
나는 겁도 없이 산을 거슬러 올라갔으니…

겨울 산은 금세 어두어지고
조급한 마음에 목은 새카맣게 탔는데,
꾀 벗은 떡갈나무 사이로
소나무들만 유령처럼 우뚝우뚝 서있구나.

석굴암 절벽아래 구세주 옹달샘 하나!
아뿔사!'오염된 물'안내판 아래
바가지도 함께 놓여있어 그래도 다행이지만
아, 이젠 내려 갈 일이 정말 꿈만 같구나!

무장아찌

작년 봄 야유회에서 먹은 무장아찌가
짭짤한 게 내 입맛에 딱 맞았는가?
그 좋은 걸 나밖에 먹는 이가 없었는데
그 무장아찌가 가끔 생각이 나서,

나도 건강식품 무장아찌를
담가 놓고 먹고 싶었는데…
재료 정종찌꺼기 구하기가 어려워
고민을 하다가 문득 생각난 게 있으니…

단무지를 담는 시기와
매실식초 거르는 시기가 같으니
버리는 매실식초 찌꺼기로
무장아찌를 담그면 좋을 것 같아 해봤더니…

아, 내가 개발한 무장아찌는
짜지도 않고 새콤한 것이
아삭아삭 씹히는 맛도 좋아
최고급 건강식품이로구나!

거짓말

효부 우리 어머니는
아번님 맘 편허게
해드려야 한다며
하루 세 번씩 거짓말을 했답니다.

그래서 우리할아버지는
어머니 때문에 항상
속상할 일이 없고
마음이 편해서 행복하셨습니다.

할아버지가 들어서
속상할 일이 있으면
어머니는 그때마다 거짓말을 해서
할아버지 마음을 편하게만 해드렸으니.

할아버지는 ' 우리 고사동아!
우리 고사동아!' 하시면서 좋아만 했으니,
우리 집은 어머니 생전에
울밖에 큰 소리 한번 나가질 않았습니다.

그 덕분에 우리할아버지
할머니는 말할 것도 없고,
내 대는 아직 모르지만
우리 어머니까지는 장수 집안으로 소문이 났답니다.

* 고사동아 : 우리 어머니가 군산시 회현면 고사동에서 시집왔다고 해서 고사동아이의 준 말로 고사동아라 불렀다.

청바지 2

청바지 중절모에
썬그라스를 낀 날 보고
당신은 10년은 더 젊어 보인다고
그렇게 하셨지요.

그러시면서 당신은
내 펜이란 말도
잊지 않고 함께 되뇌셔서
날 감동시켰습니다.

그 후로 외출을 할 때면
썬그라스는 아니더라도
나는 으레 청바지를
차려입고 나서는데…

청바지를 입고 나가면
그래도 아직은 나를 보고
멋있다고 칭찬하는 사람도
있기 때문입니다.

암요. 그렇고말고요.

목욕탕에 갔다가 등을 밀어달라는
어느 할머니의 손짓을 외면한
자기 자신이 너무 부끄러워
두고두고 마음 아파하며 산다는 사람이 있는데,

그때 할머니의 몰골이
너무 험상궂어서 그랬는데
한순간의 잘못이 너무나도 커서
그 잘못을 씻으려고,

목욕탕에만 가면 일부러
노인을 찾아다니며
'할머니 등 밀어드릴까요?'
물어보고 다닌다니,

세상에 당신 같은 분만 계신다면야
법이 무슨 소용이 있겠습니까?
힘없는 사람도 마음 놓고 편히 살 수 있겠죠?
암요. 그렇고말고요.

고독 3

언 땅 풀리고 새 봄 오니
용화산도 물안개 품에서
포근히 아침마다 늦잠을 자고,

산수유
매실 꽃 말고라도
담장 밑 민들레까지도

저렇게들
찾아드는 벌들로
연일 문전성시를 이루고 있는데…

아, 내 곁에는 아무리 둘러봐도
눈 먼 새 새끼 한 마리도
보이질 않는구나!

3부

늦잠자는 개구리

늦잠 자는 개구리

에기, 요놈아!
지금이 어느 때인데.
배는 인왕산만 해가지고
여직껏 잠을 자고 있느냐?

펄~써 경칩 지나
산수유 매화꽃이
피었다 지고,
벚꽃이 저렇게 만발해 있는데,

세상
돌아가는 줄도 모르고
여태껏 숨어서
잠만 자고 있느냐?

그렇게
게을러빠지기만 하니
너도 한 평생
배불뚝이 신세를 못 면허지~.

뭉게구름

여보!
어서 이리 와서
저 파란 하늘
뭉게구름을 좀 보셔요!

하얀 뭉게구름이
삼각산 아파트 꼭대기에서
솜털처럼 뭉게뭉게
피어오르고 있어요.

올 여름 내내 열대야로
어지간히 힘들게도 하더니만,
이제 더위도 한 풀 꺾인다니
뭔가 좀 달라지려나보지?

그래요. 올 여름 같은 해는
우리 평생 다시는 오지 말아야지.
올 가을부턴 좋은 일만
있었으면 참 좋겠어요.

들어서 좋은 말

김장장감을 하러
구시장에 갔다가
20년 단골가게에 들러
50대 초반 남편과 그 아내에게

"이집 내외는 20년 전이나
지금이나 똑 같아." 그랬더니,
그 재서야 그 집 사람들
두 입에서 똑 같은 말이 터져 나왔네.

한 술 더 떠서
"선생님도 진짜 그래요.
생전가도 늙지도 않고
멋이 있어요" 라고…

남 듣기 좋은 말은
세상없어도 않는 사람들!
내가 먼저 하니
저들도 하는구나!

호박

늙은 호박이 건강에
최고 좋단 말은 항상 듣지만
이런 말을 들을 때 마다
그냥 그런가 보다 들어만 넘겼는데,

내 나이 칠순 중반이 넘어서야
건강에 대한 절박감을 느끼면서
오래 살고 싶어서 늙은 호박을
저녁 한 끼 일년을 줄곧 먹었더니,

교회를 가서 악수를 할 때마다
내 손이 차다는 말을 듣고
그때마다 너무 자존심이 상해서
악수를 할라치면 미안했었는데,

지금은 전에 내 손이 차다고
알려주던 다정한 권사님의 손을 잡으면
너무 차서 마음이 아프지만
그래도 차단 말은 차마 할 수가 없구나.

할아버지의 교육

1978년 내가 자가용을 샀을 때만해도
자가용을 가진 자가 흔하지 않아
차운전을 가르쳐 달라며
접근 해 오는 자들이 있었는데…

그때마다 내 맘은 흔들렸지만
귀에 젖도록 들어온
할아버지 밥상머리의 교육
남녀칠세부동석(男女七歲不同席)이 떠올랐으니,

지금 생각해보면
그때 우리할아버지는
천 길 낭떠러지 직전에서
나와 내 가족을 지켜주셨습니다.

왜 성경말씀에도 있지 않습니까?
'마땅히 행할 길을 아이에게 가르치라.
그리하면 늙어도 그것을
떠나지 아니 하리라.' 고 말입니다.

숟가락 석단

자고로 여자는
숟가락 석단을 세지 못해야
그 집안이 화평하다고
할아버지 그렇게 말씀하셔서,

우리 어머니는 영리하시면서도
아들 이름표 거꾸로 달아주지 않으려고
'고' 자 하나만을 익혀 알았다고 하니
참 대단도(?) 하십니다.

비록 숟가락 석단은 세었지만
'우리 아번님 맘 편허게 해드려야 한다.' 고
듣기 좋은 말만 골라서 하고 사셨으니
우리 어머니는 정말 효부였습니다.

우리 어머니 사시는 동안
우리 집안은 그렇게 화평할 수가 없었으니
할아버지의 두고 쓰시던 말씀
숟가락 석단의 교훈은 진정 맞나 봅니다.

빙화(氷花)

2011년 입춘 날 아침..
그 맹추위도 곧 꺾이겠지 하면서
나의 침방 안창을 여니
창에 핀 얼음 꽃은 여전하구나!

내 생전 처음 보는 92년만의 겨울 추위!
삼한사온(三寒四溫)이란 말도
흘러간 옛 노래가 되었는가?
땅속 수도관까지 터졌으니?

작년 여름 내내 끈질기게도
비가 많이 오고 열대야인 걸 보아
지구도 더 더워졌으니
올겨울은 따스할 줄만 알았는데…

천기(天氣)마저 갈팡질팡
갈피를 잡을 수 없으니,
세상 돌아가는 일이야 사람들의 몫이니
오죽이나 갈팡질팡 하랴!

임자 없는 꽃

2014년 4월 초이틀
5대가 의좋게 오순도순 60년을
남부럽지 않게 살아 왔던 집터를
꼭 8개월 만에 다시 찾아와서 보니,

보아주는 사람 하나 없이
빈 터에서 작년 가을 혼자
제멋대로 피었다가 시든
국화 그루터기는 새 순을 깔고 앉아 뭉겨대고 있고,

수선화 산다화는 풀 속에서
나를 보고 살려 달라 울먹이고,
빨간 잔디는 사랑이 그리워
오종종 고개를 숙이고 울고 있다.

아, 내 사랑하는 꽃들아!
너희들이 어쩌다가 이리 되었느냐?
나도 오늘 와서 너희들을 보니
감회가 새로워 정말 눈물을 주체할 수가 없구나!

산머루나무

대야 묘목 장에 들렀다가
우연히 눈에 띄어
허실삼아 너를 사다가
아무렇게나 던지 듯 심어놓았더니,

너는 바로 이듬해부터
주렁주렁 열매를 맺어
내게 건강도 챙겨주고
기쁨을 주니 정말 고맙구나!

너를 위해 따로 거름 한 방울
풀 한 포기 매주지 않고
빈 땅 철 울타리 밑에다
심어만 놓고 팽개치듯 내버려두었는데도…

너는 보답을 톡톡히 하는구나!
우리네 인간들은 몇 십 년을 두고
애쓰고 속을 태우며 길러줘도
은혜를 원수로 갚는 사람도 많은데…

겨울 밤

감나무 가지 사이로
썰렁히 걸린 조각달은
동짓달 고추바람에
빛이 바래 희미하고.

멀리 보이는
이름 모를 작은 별은
보일락 말락
알쏭달쏭 보였다 말다 하는데,

변덕스런 회색 빛 구름은
갈팡질팡
이리 왔다. 저리 갔다.
영 갈피를 잡을 수가 없고,

하늘을 뒤덮고 안하무인
혼자 거들먹거리는
변덕쟁이 칼바람은
아, 언제나 가야 잔잔해 질가?

이사(移徙)

구율 집에서 아파트로 이사 오던 날
전 같았으면 조상이 쓰던 세전귀물
다 챙겨가지고 왔으련만,

내가 보던 그 많은 책들까지도
절반은 다 버리고 왔으니 왜 그랬을까?

또 대지 462 평과
울 밖 정원 396 평에 심어서
35년을 아들같이 길러놓은
소나무 정원수와 분재까지도 다 버리고,

자자손손 대를 이어가며 살려고 지어놓은
몸채 아랫채 창고 차고 다 헐어버리고
아파트로 왜 이사 왔을까?

그 건 하나님만이 아시지
나만 혼자 한 평생 고생 하며
그것을 가꾸기 때문이야.

그렇게 가꿔놓는다 해도
지켜 줄 사람도 없는데…

' 니가 왜 죽는 날까지 혼자 일만 허다죽어?
이 멍텅구리야!'

하나님이 나를 사랑해서
거기서 나를 빼내놓으신 거야.
내가 고집이 원청 쎄어서
말을 안 들으니까 마귀를 시켜서 빼내왔지!

시인의 아내

어떤 시인의 부인은
자기 남편
바람피우지 않게 해달라고

당산에
정화수 떠놓고
삼천 번을 빌었다는데,

우리 아내는
그런 기도는
단 한 번도 해본 적이 없단다.

남편을
아주 포기 하고
살았단다.

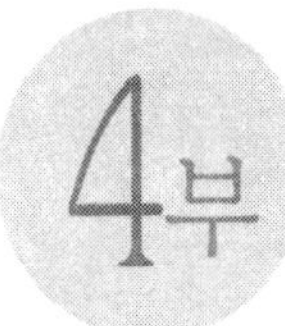

싼타루치아

싼타루치아

2015년 1월 1일 새해 아침에
나는 싼타루치아를
아주 우렁차게 부르면서
잠에서 깨어났습니다.

'창공에 빛난 별 물 위에 어리어
바람은 고요히 불어오누나.
내 배는 살같이 바다를 지난다.
싼타루치아 싼타루치아'

중학생 때에 부르고
그동안 한 번도 부르지 않았던
나폴리의 민요 싼타루치아가
난데없이 꿈에서 튀어나왔으니…

이젠 환난 고통은 사라지고
내 바람은 새해부터 고요히 불어오며
내 배는 살같이 바다를 지날 것만 같아
이다지도 기분이 좋을 수가 없구나!

소달구지

역멀서 대야까지 십리 길을
걸어서 초등학교를 다녔는데…
왜정 때 1학년 한 학기 동안은
개똥망탱이까지 메고 다니면서
날마다 말똥을 주어다 학교에 바쳤습니다.

오가는 길에 소달구지를 만나면
정말 구세주였던 것은…
책 포하고 개똥 망탱이는 달구지에 얹어놓고
양 손으로 달구지를 잡고만 가도
힘도 들지 않고 빨라서 참 좋았습니다.

운 좋게 맘 좋은 아저씨라도 만나서
공짜로 태워주기라도 한다면
얼마나 얼마나 고마웠는지 몰랐답니다,
그 때 소달구지는 별 거였거든요.

그러나 못 된 아저씨는
소달구지를 잡고만 따라가도
손도 못 올려놓게 쇠줄로 후려치곤 했으니
그래도 우리는 어른에게 욕도 할 줄 모르고
그냥 그런가보다 하면서 소달구지를 따라갔습니다.

생각해 보면 너무 힘들게만 살았는데
그래도 그 시절이 정말 너무 그립습니다.

섬진강 산마을

화개장터를 찾아가다가
섬진강 산중마을도 보고 싶어서
좌회전 산중 비탈길을 따라
한참 올라갔더니…

산속 끝 마을이 나왔는데,
계곡의 물소리는 아름답고
산비탈에 지은 집들은
작지만 아담하고 깨끗하다.

겨울엔 어찌 사느냐고 물었더니…
다 막히고 남쪽만 트여서
산 밑보다 눈도 빨리 녹고
더 따뜻하다고 자랑하고 나서,

산에만 올라가면 돈이 지천이라면서
산 중턱 녹차 밭을 가리킨다.
나도 여기다 삼간집 하나 사놓고
야생 녹차도 산나물도 먹으면서

여름 한 철 살고 싶어서
시세를 물어보았더니…
지금은 산을 찾는 이가 많아
집을 살 수도 없다며 목에 힘을 준다.

대심방 준비

대심방 준비를 위해
군산원협에 왔다가 가게 앞에서
찰싹 달라붙는 내복 바람으로
차 닦는 여인을 보았네!

와, 참 멋있다!
저 정도는 되어 있어야지 했더니,
아내가 보고는 눈쌀을 찌뿌리며
세상 참 말세야. 말세.

엉덩이는 부잣집 함박만 하고
허벅지는 도고통*만 해가지고는 아이고...
그래서 우리부부 배꼽을 쥐고
차안에서 한바탕 웃었는데...

그런데 여보!
엉덩이가 함박만 하다는 말은
그런대로 보아줄만한데,
하벅지가 도고통 같다는 말은 좀…

그래서 또 한바탕 웃었으니,
하나님은 참 별 나기도 하십니다. 그려.
그 좋은 웃음을
이렇게 값도 없이 마구 퍼 주시다니요~!

*도고통 : 절구통을 전라도에서는 도고통이라고 한다.

건강식품

오늘 우리교회에서 돌아와보니
현관 유리벽 아래
멧 비둘기 한 마리 떨어져있는데,
방금 죽었는지 아직 온기가 감돈다.

아, 이게 웬 떡이냐!
하나님 축복이야! 축복!
이뻐게도 생긴 놈이 왜
내 집에 와서 돌아가셨느냐?

그러잖아도 요새 채식만 했더니
고기가 먹고 싶었는데
너같이 진짜배기 자연산 무공해 멧비둘기가
저절로 굴러 들어오다니 고맙다. 고마워.

그런데 아내는 정상적인 비둘기가
왜 유리벽에 코를 박고 죽겠냐며
약 먹은게 틀림없으니
갖다가 버리란다.

젠장 맞을 것.
아내의 말을 듣고 보니
그 말도 그럴 듯하니
애라. 마음 놓고 편히 먹을 것은 아무 것도 없구나!

용화산 소쩍새야!

용화산 용두 골
소쩍새야!
너희들은 말이다.
따로 가진 것 없어도 사니,

돈 때문에
싸울 일도 없고
안준다고 부집는 놈도 없으니
속상할 일도 없을텐데,

무슨 사연
그리도 많아서
밤마다 소쩍소쩍
그렇게도 슬피 우는 거냐?

혹여
무슨 말 못할 사연이라도
따로 있는 거냐?
이 불쌍한 용화산 소쩍새야!

감사 5

우리 내외에게 금침을
5년간이나 놓아주시고 나서
다음 날 서울삼성병원에 가셔서
말기 간경화 선고를 받고
한 달 만에 돌아가신 고 박석규 침구사님.

그동안 너무나도 건강하셔서
장수할 줄만 알았는데,
마지막 침까지 7천500여 개씩을
다 놓아 주시고 나서
그다지도 쉽게 가셨습니까?

내가 한 주 걸러 한 번씩 맞던 침을
나중 몇 주간은 주일마다 두 번씩
맞은 것도 지금 생각하면
그것도 예삿일이 아니었으니…

이게 다 하나님의 예비하신
섭리가 아니고 무엇이겠습니까?
하나님 정말 감사합니다.

칭찬 4

오늘아침 교회를 가서보니
안내하는 백 권사님이
더 예뻐 보여서
예쁘다고 칭찬을 해주었더니…

권사님은 정색을 하며
어제 몸이 좀 아파서
얼굴이 빠졌다며
꼭 애기같이 활짝 웃는다.

웃는 모습이 어찌나 더 예쁜지
그래서 한 마디를 더 해서
"여자는 얼굴이 좀 빠져야
더 예쁘다고요. 이쁜 권사님!"

나 오늘도 한 사람에게
주님 사랑을 나눠드렸으니…
나도 정말 이렇게
기쁘고 좋을 수가 없습니다.

우리 웃고 살아요!

그대 웃는 모습은
너무나도 귀엽고 아름다워요.

그런데 언제나 보면
그대는 화난 얼굴을 하고 있어요.

무엇이 그리도
못 마땅한지는 모르지만

마음먹기에 따라 미운 것이
예쁘게도 보이지 않던가요?

그런 슬픈 얼굴일랑
이젠 다시 하지 말아요!

우리 정말 웃고만 살아요!
웃고 살면 장수한다고 하지 않던가요.

양 권사님

작년 겨울 내내
너무나도 추워서
교회를 나가지 못하다가
오늘 오랜만에 교회를 나갔더니,

양 권사님이 날 보더니만
측은한 표정을 지으며
장로님! 사랑해요.
정말 사랑해요, 하며 안아주네요.

우리교회에 당신 같은 사람도 계셔서
나 같은 늙은이도 외롭지 않게
교회에 나올 수 있어서
참 좋았는데,

날이 풀려 교회에 나와 보니
양 권사님이 안보여 물어봤더니
장로님과 함께 딴 교회로 가셨단다.
아, 정말 마음이 아프구나!

동문서답(東問西答)

휘영청 밝은
음 시월 보름달은
감나무 끝에
썰렁히 매달려 슬피 울고,

귀뚜리마저 사라진
만추(晩秋) 소슬바람에
낙엽 뒹구는 소리만
을씨년스레 들리는 밤!

자정이 넘도록 전전긍긍
잠 못 이루는
칠순 넘은 아내에게
당신도 저 소리가 들리는가? 물었더니,

아내는 명주네 집
닭 우는 소리를 들으니
어릴 제 생각이
절로난다 하더라.

지네 침

삼복 열대야 반나체로 잠을 자는데
내 다리를 무엇이 섬섬섬섬
기어가는 게 있어 탁 치고 나서
불을 켜고 보니 큰 지네였네.

아내는 병원엘 가자고 야단이지만
궁예왕은 독화살을 맞고도 살았는데
벌침(봉침)이 약이 되면
지네침은 더 약이 되어야지 하며 가지 않았네.

하루가 지나고 나니
다리가 터질 듯 부어오르고
열이 나면서 통증도 좀 심했지만
감자만 으깨서 붙이고 말았는데…

3일이 지난 후에야 한방병원에
갈 일이 있어 한의사에게 말했더니
나보고 축하한단다.
위험해서 그렇지 독사한테 물리면 더 약침이라면서…

주(註): 내 친구 아버지는 지네한테 발뒤꿈치를 물려서 즉사한 일이 있으니 독충한테 물리면 병원엘 가야지 무모한 짓은 하지 말아야 합니다. 필자는 전에 독버섯을 먹고도 같이 먹은 사람들은 병원엘 실려 갔지만 아무렇지도 않은 경험이 있어 한 번 버텨 본 것뿐입니다.

5부

늙은 감나무

닭 장사 할머니

립스틱 짙게 바른
고희도 훨씬 넘은
닭 장사
쪼글쪼글 할머니를 보고

아주머니 젊어서는
남자들 꽤나
울렸겠습니다려. 했더니
얼굴이 확 피어오르면서…

만이천원에 파는 수탉을
아들 몰래 준다며
만원에 가져가라면서
넋두리를 쏟아놓는다.

참말로 말이 나왔응게 말이지
이제 와서 이뻐면 멀 헌데요.
세상 잘 못타고 나서
한 세상 이렇게 다 살았는디요.

늙은 감나무

빈 집 마당가에 늙은 감나무 하나!
이파리 하나 없이
혼자 시커멓게 서있어서
나는 너무 늙어 죽은 줄로만 알았는데,

자세히 보니 똘 감 서 너 알 달려있어
이게 웬 일인가? 하고
나뭇가지를 꺾어 봤더니
나무는 너무나도 싱싱하게 살아있네.

알고 보니 이파리마다 벌레가
수도 없이 붙어 갉아먹고 있으니
씨 감 몇 개만 남겨놓고
미리 이파리를 한꺼번에 폭싹 떨어뜨렸다가

벌레가 이파리를 먹는 동안
순을 미리 준비해 놓고
벌레가 집지어 들어가면 새순을 다시 내어
새 세상을 산다니 참 신기하기도 하구나!

사람도 지혜로운 사람이
막 사는 사람보다 장수한다는데, 이제 보니 우리 동네
그 많은 감나무 중에서
너만 홀로 늙은 이유를 내 알만하구나.

'백세시대'

함평에만 오면 나 언제나
함평천지 늙은 몸이
광주고향을 유람할 제… 란
아버지 노래를 무릎을 탁탁 치며 흉내내보지만,

육십년 전 유행하던 옛 노래를
지금 아는 사람이 얼마나 되며,
아버지 가신 지도 반세기가 넘었으니
고 유자 곤자를 기억하는 이가 몇이나 남아있을까?

그 때 노인으로 알았던 아버지가
지금 내 아들들 나이보다 어렸으니
옛날 같았으면 지금 나도
여기에 살아서 남아있을까?

세상은 변하고 변해서
나도 백세시대를 살고 있지만
앞으로 더 좋은 세상이 와서
백세보다 더 살 수 있다고 생각하니 좋구나!

은수저

여보!
우리 은수저를 좀 보셔요.
번쩍~ 번쩍~ 빛이 나고
분통같이 하~얗게 생겼어요!

아내는 흥분이 되어서 같은 말을 계속한다.
일주일 머다 않고 닦아먹던 은수저가
닦은 날이 몇 달인지도 모르는데
이렇게 희고도 빛날 수가 없어요!

지난 4년 동안 건강관리를 잘하며 살았더니
이제야 효험이 났나보지?
우린 약 한 알도 먹지 않고 살았는데
올 우리 부부 건강검진 결과도
다 정상으로 나왔으니 얼마나 좋아!

은수저만 봐도 그 집 건강을 안다는데
우리 집 은수저가 저렇게 빛이 난다는 건
우리 건강이 좋아졌다는 거니
아, 이보다 더 좋을 수가 없구나!

양씨 할머니

마당에서 베 매는
나의 칠대 양씨할머니 치마 속으로
매한테 쫓긴 꿩 한 마리가
놀라서 허겁지겁 들어왔다네.

매사냥꾼이 와서 찾았지만
따돌려 보내놓고 난 뒤에
치마 속의 꿩을 고이
날려 보내주었더니만,

꿩도 생명의 은혜를 못 잊어
우리 집 상공을 한 바퀴 돌고나서
날아가 숨었답니다.

효부로 이름 난 덕인 양씨 할머니는
외아들 며느리로 들어와서
네 아들을 낳고
네 아들이 각각 사형제씩을 두어
우리 집안을 번성하게 했다니 ,

내 후손들도 양씨할머니처럼
누구에게나 덕을 베풀고
효도하며 살았으면 참 좋겠네.

자화상 3

거울 속에 비친 얼굴 하나
나 오늘도 그 얼굴을 바라보고 있다.

담배 골 중머리부터
하이칼라 장발 애교머리가
대머리에 반백이 되도록 보아온 얼굴이지만
싫증이 나지 않고
내게는 가장 관심이 가는 얼굴이다.

남달리 인중이 길어
꽉 다물어진 입.
양 볼에는 옹고집이 들어있어
한 번 시작한 일은
중도에서 그만두지를 못하니
평생을 두고 쉬지 않고 일만하다가
일 때문에 몸이 망가지는 고집불통이.

번들거리는 넓은 이마엔
가늘고 성근 머리카락.
눈썹 길이가 두 치나 되는
숯 검쟁이 눈썹에다
눈 속엔 눈웃음이 들어있지만
법령이 턱 밑까지 깊이 패이고
눈매가 날카로아서 고독한 사람.

나는 오늘도 그 사람과 함께 외롭게 살아가고 있다.

* 담배 골 중 머리 : 옛날에는 아이들 이발은 이발소에서 하지를 않고 집에서 가위로 했는데, 이발을 해놓고 나면 머리에 골이 진 모습이 마치 담배 골을 주어놓은 것과 같다 해서 담배 골중(스님) 머리라 했다.

왕 개구리

은파 호수에 나갔다가
그동안 못 보던
왕 개구리를
너무 오랜만에 보아서,

하도 신기해서
집에 들어오자마자
오늘은 왕 개구리를 보았다고
자랑을 했더니,

아내는
왕 개구리를 보았으면
올 해는 배부를 일이 생기겠다며
길조라고 좋아한다!

근데, 올 어버이날에는
큰 아들한테서 내 생전 처음으로
통장에 50만원을 넣었다니…
참! 살다보니 이런 때도 있구나!

이상기후

겨울이 오려면 아직도 먼 줄만 알았는데…
서리도 오기 전에 벌써
올해는 얼음부터 얼어서
농작물을 폭싹 주저앉혀놓았네!

재작년 가을에도 갑작스레
예고 없이 된 서리가 퍼부어서
늙은 호박들을 다 썩여버린 일이 있었는데…

여름이 섭씨 삼십오륙 도를 넘나들며
그다지도 무덥고 끈질기게도
여름이 길었으면
겨울이라도 좀 늦게 와야지
평년보다도 18일이나 먼저 왔단다.

세상만사가 다 변하니
기후도 이렇게 변하는가?
비오고 나면 앞산에 무지개 뜨던 옛날이
먹고 살기는 힘들었어도 훨씬 더 좋았는데…

장항솔밭 청솔모

하루 종일 보이지 않던 청솔모들
피서객들 다 떠나고 없으니,
어디서 찾아왔는가?
솔밭이 온통 청솔모 세상이 되었네!

오늘 솔밭엔 사람들도 별로 없었는데…
그동안 피서객들 흘리고 간 게
얼마나 많았기에
이다지도 많은 청솔모가 모였는가?

그런데 나는 어쩌지?
하루를 죽치고 앉아서
제일 늦게까지 놀다가면서도
침 한 방울도 흘려놓지 않고 가니?

나 비록 오늘은 그냥 가지만,
내일 다시 올 땐 우리 밭에 심어놓은 오일 따다
통 놈으로 줄 테니 쫌만 기다리려무나!
알았지? 응?

빈 집터에서

내가 살던 집을 헐고 나가서
오지 않다가
허탈한 맘으로 오랜만에
빈 집터에 와보니,

우리 동네에서도
가장 많은 새들이 모여들어
새 때문에 주체를 못하던 우리 집이
이젠 새 한 마리도 볼 수가 없구나.

너희들은 겁이 많다고 하더니만
그 말이 정말인가 보구나.
그 동안은 나같이 늙고 병든 몸
어디가 그리도 든든한 게 있다고,

우리 집을 낙원으로 삼았더냐?
이 정든 집을 버리고 내가 떠나던 날
너희들도 얼마나 울었어?
내 사랑하는 까치야 그리고 각종 새들아!

나 어릴 때 살던 고향 집이

나 어릴 때 살던 고향집이
너무 그리워
큰 맘 먹고 찾아갔더니,

울아버지 발동기 놓고
방아를 찧던
고패집 팔 칸 아래채는 헐리고,

대야면 보덕리 524번지 540평 대지
안팎마당과 정원은 밭으로 변하고
달아낸 5간 겹집 본 채 하나 남아있는데…

우리가 살 때는 그다지도 크고 좋던 집이
아, 집임자 하나 바뀌고 나니
딴 세상이 되어버렸구나.

내가 당한 한국전쟁 7

유엔군이 군산을 수복하던 날
동네 아이들과 함께 대야면소재지 전군도로
유엔군 환영인파 속에 묻혀서
대한민국 만세를 부르며 신바람이 나게 놀다가
오후가 되어 집에 돌아오면서 보니
이게 또 웬 일인가!
우리 동네 바로 위에선 비행기 한 대
낮게 떠서 계속 신호를 보내고,

대야초등학교 운동장에 일 열로 수십 대
열 지어 있는 대포들이
우리 동네에다대고 마구 포탄을 들어붇고 있다.
너무 놀라 우리 동네가 보이는
초산(草山)까지 2키로 남짓 달려와서 보니
포탄은 이웃 상작마을 뒷산에 떨어지고 있었으니,
놀란 가슴을 쓸어안고 집에 와보니
식구들은 다 방공호 속으로 들어가서 집안은 고고하기
만 한데
어머니만 혼자 마루에 앉아계셔서

왜 어머니는 방공호에 들어가지 않느냐고 물었더니
나 같은 사람에게 뭣 땜에 대포를 쏘겠냔다.

지금 생각해보면
우리 어머니는 참 대단한 분이었습니다.
그땐 비행기소리만 나도 얼마나 들 떨었는데
지붕 위로 포탄이 윙윙 날아가는 것을 보면서도
숨지 않고 대담하게 쳐다보고만 계셨으니…

곧 비행기도 대포 소리도 사라지고
평화는 온 듯도 했지만,
그날 앞 뜸 분치동에서는 또
유엔군의 전투가 있었으니…

아, 육이오!
그 때는 사람목숨이 파리 목숨이었으니…
적이 바로 이웃이었기 때문이었네.

뭉게구름

(고석원 제 17시집)

지은이 / 고 석 원

2015. 7. 20. 초판 인쇄
2015. 7. 25. 초판 발행

펴낸곳 / 도서출판 엠-애드
펴낸이 / 이 승 한
서울시 중구 마른내로 8길 30
전 화 / 02)2278-8063/4
팩 스 / 02)2275-8064
E-mail / madd1@hanmail.net
등록번호 / 제2-2554

디자이너 / 이수미
전 산 팀 / 임영희

정가: 9,000원

ISBN 978-89-6575-076-5 03810